Ein Knyfel Ni

MAIR WYNN HUGHES

bwthyn
GWASG Y BWTHYN

ISBN 1-904845-38-X

Dymuna'r cyhoeddwyr gydnabod cymorth Adrannau Cyngor Llyfrau Cymru.

Cyhoeddwyd ac argraffwyd gan
Wasg y Bwthyn, Caernarfon

EIN RHYFEL NI

'Now move along, don't loiter!'

Swniai llais Miss Potter fel taran wrth iddi geisio arwain y criw plant ar hyd y platfform.

'I don't want to go, Miss,' wylodd Milly a'i hwyneb yn wlyb gan ddagrau.

'It's only a holiday, Sis,' cysurodd Norman hi. 'We'll see cows and sheep and lots of other things.'

Pump oed oedd Milly ac wedi arfer cael ei ffordd ei hun. Dechreuodd strancio.

'Won't go!' gwaeddodd ar dop ei llais.

'Millicent Carter,' meddai Miss Porter yn llawn trafferth. 'Stop that at once, do you hear?'

Crynodd gwefusau Milly wrth iddi geisio ufuddhau. Doedd hi ddim eisio gadael Lerpwl a mynd i fyw i rywle o'r enw Cymru, ac at bobl ddieithr hefyd. Roedd hi eisio aros yn Lerpwl efo'i mam.

'Don't want to go,' meddai'n dorcalonnus wrth ei brawd. 'I want my mam, and I'm hot.'

Does dim rhyfedd chwaith, meddyliodd Norman. Roedd hi'n boeth ofnadwy yn yr orsaf, yn enwedig a'r lle yn orlawn. Bu'n rhaid iddyn nhw godi'n fore a mynd i'r ysgol erbyn wyth. Fe gafodd pawb becyn o frechdanau Spam i'w bwyta ar y trên, a diod Vimto hefyd, a siars bendant nad oedden nhw i grwydro, na mynd ar goll wedi iddyn nhw gyrraedd gorsaf Lime Street.

Wedyn bu'n rhaid iddyn nhw fartsio yn un llinell hir i lawr y stryd, ac yna aros am hydoedd wedyn ar y platfform i ddisgwyl i'r trên ddod i mewn. Roedd pawb wedi bwyta'u brechdanau yn ddirgel cyn i hwnnw gyrraedd am eu bod nhw jest â llwgu, ac wedi yfed y Vimto hefyd am eu bod nhw'n boeth a chwyslyd. Ac roedden nhw i gyd wedi rhedeg yn ôl ac ymlaen i'r toiled, a cholli ei gilydd, a gweiddi a chrio a phwnio a thynnu ystumiau nes bod Miss Potter wedi cael llond bol.

'It's an adventure,' cysurodd Norman ei chwaer,

er nad oedd yntau'n hollol sicr chwaith.

Gafaelodd yn dynn yn ei barsel papur brown efo un llaw ac yn Milly efo'r llall.

'Let go,' meddai honno'n biwis.

'You'll get lost,' rhybuddiodd Norman yn ddiamynedd gan dynhau ei afael.

Erbyn hyn roedd yr orsaf yn llawn bwrlwm prysur. Syllai pawb yn gegagored ar yr injan fawr wrth iddi gyrraedd yr orsaf a'r ager yn codi'n gwmwl swnllyd o'i chwmpas. Roedden nhw'n edmygu'r dreifar a'r taniwr yn eu dillad duon, a'r rheiny'n sgleinio o olew a saim.

'Get ready!' bloeddiodd Miss Potter.

Heidiodd plant ac athrawon yn dyrfa blith draphlith ar y platfform a'r cymylau ager blas brwmstan yn llosgi'u gyddfau.

'To me!' bloeddiodd Miss Potter eto. 'And don't lose your gas masks and parcels.'

Cludai pawb eu masgiau nwy mewn bocsys carbord dros eu hysgwyddau; roedd label enw ar eu cotiau, a pharsel papur brown neu gês rhacslyd yn llaw pob un.

'Climb on board,' gorchmynnodd Miss Potter gan geisio hel pawb at y drysau agored.

Roedd rhai yn crio a thynnu'n ôl fel Milly, a rhai yn ddistaw ac ofnus, ac un neu ddau yn gweiddi'n hapus wrth feddwl am gael teithio ar drên am y tro cyntaf.

'Sit here by me,' meddai Norman.

Sniffiodd Milly a rhwbio'i thrwyn yn ei llawes yn ddagreuol.

'Will the people be nice, Norman?' gofynnodd yn grynedig.

'Of course they will,' oedd yr ateb.

Chwibanodd yr injan wrth i'r drysau glepian ar gau. Chwifiodd y giard ei faner a chwythu ei bib cyn neidio i'r cerbyd diwethaf. Yna trodd yr olwynion ar y cledrau, yn araf i ddechrau cyn cyflymu a thynnu'r rhes o gerbydau o'r orsaf.

Pwysodd pawb eu trwynau ar y ffenestri er mwyn cael y cip olaf ar Lerpwl. Yn fuan, roedd y trên yn gwibio cliceti-clac, cliceti-clac rhwng caeau a choed a ffermydd.

'Cows!' gwaeddodd rhywun wrth weld gyr o wartheg yn un o'r caeau.

'I don't like cows,' cwynodd Milly.

'They give us milk,' meddai Norman.

'They don't,' gwgodd Milly. 'It comes in a bottle. So there!'

Pwysodd yn ôl yn ei sedd a chrafu ei phen yn egnïol. Yna rhwbiodd ei braich lle'r oedd rhes o bigiadau chwain yn sbotiau bach cochion.

'Don't scratch,' gorchmynnodd Norman a'i feddwl ymhell.

Tybed sut bobl fydden nhw'n aros efo nhw? Doedd o ddim am gael ei wahanu oddi wrth Milly. Brawd a chwaer oedden nhw, ac roedd gan

frawd a chwaer hawl i gael cartre newydd efo'i gilydd.

'Stay together,' oedd gorchmyn eu mam cyn iddyn nhw gychwyn.

Cofiodd Norman fel roedd hi wedi gwnïo eu dillad isaf amdanyn nhw y bore hwnnw.

'You keep those on and you won't catch cold,' rhybuddiodd.

'But it's too hot, Mam.'

Cofiodd hefyd fel y rhwbiodd ei fam ddeigryn o gongl ei llygaid.

'And look after Milly,' oedd hi wedi gorchmyn fel petai hi heb glywed gair.

'Yes, Mam.'

A chofiodd Norman fel y safodd hi yn nrws y tŷ wrth iddyn nhw gychwyn am yr ysgol. Roedd y mamau eraill yn sefyll ar stepiau drws tai teras y stryd hefyd. Cartrefi tlawd oedden nhw, efo ychydig iawn o ddodrefn ac un mat rhacs bychan o flaen y tân. Doedd yna ddim sbesial i'w fwyta na'i wisgo . . . byth! A doedd ei fam ddim yn un dda am lanhau na chadw'r tŷ yn deidi, ond fe wyddai ei bod hi a'i dad yn gofalu amdanyn nhw orau y gallent.

Ond roedd ei dad yn y fyddin erbyn hyn a'i fam ar ei phen ei hun, ac roedd yr hen Jyrmans na'n bomio'r dociau a'r tai bron bob nos. Caeodd ei lygaid rhag gweld y polion teleffon yn gwibio heibio'r ffenest wrth i'r trên ei gludo o a Milly ymhell bell o'u cartre.

Pendwmpiodd yn flinedig a sŵn diddiwedd yr olwynion yn ei glustiau.

'Wake up!' gwaeddodd Miss Potter wedi iddyn nhw gyrraedd Bangor.

'Where are we?' holodd pawb gan rwbio llygaid cysglyd.

'Bangor,' meddai Miss Potter gan godi o'i sedd a golwg benderfynol ar ei hwyneb.

'Where's that?' holodd rhywun.

'Wales, of course,' oedd ateb swta Miss Potter wrth iddi gasglu pawb yn griw blinedig ar y platfform, a cheisio gofalu bod pob parsel a chês a masg nwy yn ddiogel ganddyn nhw. Teimlai pawb yn flinedig. Roedd awel gynnes yn chwyrlïo ar hyd y platfform ac yn gwneud i'w dillad lynu'n chwyslyd ar eu cefnau.

'Come on now,' meddai Miss Potter. 'Best foot forward.'

Dringodd y plant y grisiau pren a chroesi'r bont dros y lein. Roedd bysys gwyrdd 'Crosville' yn aros amdanynt, a phob un efo enw pentref gwahanol uwch ei ffenest flaen. Enwau fel Llanfairpwll a

Llannerchymedd a Chaergybi. Ond roedd Norman wedi blino gormod i drio darllen yr enwau rhyfedd.

Eisteddodd Norman a Milly ar sedd ddwbl yn eu bws nhw.

'I'm tired,' cwynodd Milly.

'We'll soon be there,' cysurodd Norman.

Doedd dim gair i'w gael gan 'run o'r plant erbyn hyn. Roedden nhw i gyd wedi blino gormod.

2

'Weli di o?'

'Gweld be?'

Rhoddodd Emrys hwth i'w ffrind.

'Y bws ifaciwîs, siŵr iawn.'

'Os na weli di o, wela inna mohono fo chwaith, y lembo!' oedd ateb Tomos.

Roedd yr ysgol wedi cau am y diwrnod am mai yno y byddai pawb yn dewis ifaciwîs, ac fe ddaeth Emrys a Tomos efo'u rhieni i ddisgwyl iddyn nhw gyrraedd. Doedden nhw ddim yn siŵr iawn a oedden nhw eisio derbyn ifaciwîs i'w cartrefi ai peidio, ond roedd eu rhieni wedi egluro pa mor bwysig oedd rhoi croeso iawn iddyn nhw, am eu bod wedi diodde lot o fomio yn Lerpwl.

'Dacw fo!' gwaeddodd Tomos yn sydyn.

Cyrhaeddodd y bws sgwâr y pentre ac aros o flaen yr ysgol. Roedd yna lot o blant ynddo.

'All of you down now, and into the school,' gwaeddodd llais Miss Potter.

Baglodd yr ifaciwîs yn drwsgl a distaw oddi ar y bws, ac i mewn i'r ysgol. Teimlai'r parseli a'r cesys a'r masgiau nwy yn drwm iawn erbyn hyn.

Dilynodd Emrys a Tomos eu rhieni i mewn i'r ysgol. Bu'n rhaid i'r ifaciwîs sefyll yn rhesi wrth y wal tra oedd Miss Williams, y ddynes WVS, yn mynd trwy bentwr o bapurau.

Edrychai'r teuluoedd ar yr ifaciwîs gan geisio penderfynu pa un i'w ddewis. Byddai rhai yn cymryd un, a rhai eraill yn gorfod cymryd dau os oedd ganddyn nhw lofftydd sbâr, ac roedd pawb am ddewis y rhai glanaf a thwtiaf.

'Mi gymera i hon,' meddai Mrs Lloyd y siop.

Roedd hi'n tybio y byddai merch yn forwyn fach ardderchog yn y siop pan fyddai angen.

'Ac mi gymerwn ni y ddau yma,' meddai Mr Pugh y gweinidog.

'Sut un wyt ti am ei gael?' holodd Tomos gan droi at ei ffrind.

'Wn i'm,' meddai Emrys. 'Dydw i ddim yn lecio golwg 'run ohonyn nhw.'

Edrychodd ar ei drowsus a'i bwlofer drwsiadus ei hun, ac yna ar ddillad blêr rhai o'r ifaciwîs.

'Wedi'u bomio maen nhw,' eglurodd Tomos.

Cliriodd Miss Williams ei gwddf wrth weld rhai teuluoedd yn methu penderfynu. Yna, dyma hi'n galw enwau fesul un ac un.

'Norman a Millicent Carter,' cyhoeddodd gan roi tic yn ei llyfr mawr du. 'Rwy'n siŵr y cymerwch chi'r ddau yma, Mr a Mrs Jones,' meddai gan droi at rieni Tomos.

'Nefi! Rydach chi am gael hogan hefyd,' meddai Emrys gan wneud wyneb ych a fi.

'Dim ots,' atebodd Tomos.

'Lily a Mary Webb. Mi wnewch chithau gymryd y ddwy yma rwy'n siŵr, Mr a Mrs Hughes,' meddai Miss Williams gan droi at rieni Emrys a gwenu.

Doedden nhw ddim yn lecio gwrthod.

Rhoddodd Miss Williams dic arall yn ei llyfr mawr du.

‘O na! *Dwy hogan!*’ meddai Emrys wedi dychryn.

3

Edrychodd mam Tomos yn ddrwgdybus ar y ddau a safai o'i blaen. Roedd golwg bron â disgyn arnyn nhw.

'Come with us,' meddai'n garedig o'r diwedd gan estyn i afael yn llaw Milly i'w harwain at y drws.

'Not going,' meddai honno gan afael fel gelen ym mraich Norman.

'I'm coming too, silly,' mwmiodd Norman.

Gafaelodd yn llaw Milly a'i thynnu at y drws ar ôl Mr a Mrs Jones. 'Iesgob!' meddai Emrys. 'Saeson ydyn nhw!'

'O Lerpwl maen nhw,' wfftiodd Tomos. 'Dydyn nhw ddim yn siarad Cymraeg yn fan'no, siŵr iawn.'

Edrychodd Emrys i gyfeiriad eu dwy ifaciwî nhw.

'Genod Saeson!' meddai a'i lais yn llawn diflastod.

Gwenu wnaeth Tomos a brysio i ddilyn ei rieni.

Roedden nhw wedi dod i'r pentre efo'r drol a cheffyl. Biti cerdded y pethau bach i'r fferm, ddywedodd ei fam cyn iddyn nhw gychwyn i nôl yr ifaciwîs. Mi fyddan nhw wedi blino wedi gadael eu teulu a thrafaelio mor bell.

Stopiodd Tomos yn stond wedi cyrraedd yr iard. Roedd ciang o bobl y pentre yno, ac roedden nhw i gyd yn gwylio'r strancins wrth i'w dad a'i fam geisio perswadio Milly i ddringo i'r drol.

'Not going! NOT GOING!' sgrechiodd honno.

'Come on. I'm going,' ceisiodd Norman ei pherswadio a'i wyneb yn goch chwyslyd wrth weld pawb yn eu gwylio.

'No! NO!' sgrechiodd Milly. 'I want my mam!'

Edrychodd pawb ar ei gilydd.

'Wedi ei sbwylio'n rhacs,' medden nhw gan ysgwyd eu pennau'n ddifrifol.

Yna gafaelodd tad Tomos yn Milly a'i chodi'n sypyn ciciog, swnllyd i'r drol. Dympiodd hi ar y gwaelod caled.

'Stay there!' gorchmynnodd gan godi Norman i eistedd ati.

'Not going! NOT GOING!' sgrechiodd Milly.

'Stay there!' gorchmynnodd Mr Jones yn awdurdodol y tro hwn.

'There there,' cysurodd Mrs Jones hi gan amneidio ar Tomos i ddringo i mewn ac eistedd gyda'r ddau ar y gwaelod caled. 'We'll be home soon.'

Dringodd Mrs Jones i eistedd ar ben blaen y drol wrth i'w gŵr glician ei dafod ar Bess y gaseg winau. Eisteddodd Tomos yn y drol a'i lygaid ar y ddau ifaciwî. Cliriodd ei wddf gan fwriadu dweud rhywbeth ond newidiodd ei feddwl. Fuasen nhw ddim yn deall, yn na fuasen?

Roedd sŵn crio ac igian Milly'n llenwi'r drol.

A bob tro yr edrychai ar Tomos, roedd hi'n crio mwy. Ond o'r diwedd, wedi crio a chrio, syrthiodd i gysgu a'i phen ar ysgwydd ei brawd.

'She's tired,' mwmiodd Norman yn gloff.

Nodiodd Tomos.

'Yes,' meddai.

'Yes,' meddai Norman.

Yna gafaelodd yn dynn am Milly a cheisio anwybyddu'r sboncian a'r ysgwyd di-ben-draw wrth i'r drol drafaelio ar hyd y lôn garegog. Gwrandawodd ar sŵn carnau cadarn Bess rhwng y llorpiau a gwyliodd Mr a Mrs Jones trwy gil ei lygad. Roedden nhw'n edrych yn ddigon caredig, ond eu bod nhw'n siarad iaith ddieithr efo'i gilydd, ac yntau'n deall 'run gair.

Pwysai pen Milly yn drwm ar ei ysgwydd, ac roedd ei fraich yn binnau bach i gyd wrth geisio'i rhwystro rhag syrthio'n lleden ar waelod caled y drol. Dechreuodd ei lygaid yntau gau'n flinedig ar ei waethaf, a theimlodd ei hun yn llithro'n is ac yn is.

O! roedd o wedi blino!

Arafodd y drol a throi i fuarth fferm fechan. Brwydrodd Norman i agor ei lygaid a chodi ar ei eistedd unwaith eto, ond roedd yn griciau i gyd a chorff Milly'n bwysau diymadferth arno.

Gwyliodd Mr Jones yn gostwng drws tu ôl y drol ac yn estyn am Milly. Doedd o ddim eisio'i gollwng ond roedd yn rhaid iddo ufuddhau. Gafaelodd yn ei focs masg nwy a'i barsel brown di-siâp a baglu am y drws ar ôl Mrs Jones a Tomos.

Fedrai o ddim sefyll bron. Disgynnodd i gadair a gwylio Mr Jones yn gosod corff cysglyd Milly ar y setl.

'Brechdan a diod o lefrith, a gwely buan,' meddai Mrs Jones yn garedig.

Yna brathodd ei gwefus.

'Bread and butter, a drink of milk and early bed,' meddai.

Dechreuodd Milly igian crio unwaith eto, a gwrthod cymryd tamaid.

'I want my mam!' meddai'n bwdlyd.

Roedd Norman bron â llwgu. Estynnodd am y brechdanau a'r llefrith.

'They're good, Milly,' meddai. 'Eat some.'

'No,' meddai Milly'n benderfynol.

O'r diwedd, cludwyd hi yn erbyn ei hewyllys i fyny i'r llofft fechan o dan y bondo, a Norman yn dilyn.

'You can sleep together tonight,' meddai Mrs Jones gan geisio dadwisgo Milly.

Ond roedd Milly'n benderfynol na châi hi ddim cyffwrdd ynddi. Ciciodd a stranciodd nes y bu'n rhaid i Mrs Jones roi'r gorau iddi. Neidiodd ar y gwely a phlannu ei hwyneb yn y gobennydd gan grio'n waeth fyth.

'Come on, Milly,' meddai Norman. 'I'm here with you.'

Tynnodd ei drowsus a'i siwmper fratiog a gwisgo'r pyjama a gafodd o gan yr awdurdodau cyn gadael Lerpwl. Llithrodd i mewn i'r gwely ac estyn i afael yn ei chwaer.

Caeodd Mrs Jones y llenni blacowt i dywyllu'r llofft a dringodd yn ddistaw i lawr y grisiau.

'Bob!' meddai hi'n llawn sioc wedi cyrraedd y gegin. 'Mae fest a thrôns yr hogyn bach na wedi'u *gwnïo* amdano. A synnwn i ddim nad ydi dillad ei chwaer hefyd, taswn i wedi medru ei dadwisgo. Mae hi'n sobor o anodd ei thrin.'

'Wedi blino mae hi,' oedd ateb ei gŵr. 'A chofia'i bod hi mewn tŷ hollol ddieithr, ac ymhell o'i chartref hefyd.'

4

'Cod!' meddai ei fam wrth Tomos ben bore trannoeth. 'Neu mi fyddi'n hwyr am yr ysgol.'

'Ond . . .' mwmiodd Tomos heb ddeffro'n iawn.

Yna sbonciodd ar ei eistedd.

'Fedra i ddim mynd i'r ysgol heddiw, Mam,' meddai. 'Mae ganddon ni ifaciwîs.'

'Gad ti yr ifaciwîs i mi,' oedd yr ateb.

A chyda hynny trodd ar ei sawdl a brysio i lawr y grisiau.

Dydi o ddim yn deg, meddyliodd Tomos wrth godi yn erbyn ei ewyllys. Mae dau ifaciwî ganddon ni, a finna'n gorfod mynd i'r ysgol. Mi fuaswn i'n medru siarad efo nhw. Rydw i'n medru siarad dipyn bach o Saesneg, ac mi fyddan nhw eisio cwmpeini y diwrnod cyntaf mewn lle dieithr.

Baglodd i lawr y grisiau i ymolchi yn y ddysgl enamel yn y pantri cefn.

'Fydd ganddyn nhw neb i chwarae efo nhw,' meddai wrth ei fam gan rwbio'i wyneb yn egnïol efo'r tywel.

'Mae digon i'w wneud yn y lle 'ma heddiw heb dy gael di o dan draed,' atebodd ei fam. 'Brysia.'

'Pam mae'u dillad isa nhw wedi'u gwnïo amdanyn nhw, Mam?' holodd Tomos gan lyfu ei lwy uwd yn lân.

'I fwyta, nid i'w llyfu, mae'r llwy 'na,' oedd ateb pigog ei fam wrth iddi anelu i fyny'r grisiau at yr ifaciwîs. 'Ac mae dy glustiau di'n rhy fawr o lawer.'

Byseddodd Tomos ei ddwy glust yn feddylgar. Doedden nhw ddim yn teimlo'n fawr iawn, fe'i cysurodd ei hun, a digwydd clywed ei fam yn dweud neithiwr wnaeth o. Cychwynnodd am yr ysgol. Roedd yn fore braf, a haul dechrau Medi'n tywynnu'n gynnes. Mi fuaswn i'n lecio aros adre efo'r ifaciwîs, meddyliodd Tomos yn ddiflas. Mi fuaswn i'n medru dangos y mochyn a'r llo a chŵn bach Nel iddyn nhw, a'u dysgu nhw sut i helpu yn y cae ŷd.

Roedd Emrys yn disgwyl amdano wrth gât yr ysgol. Edrychai'n benisel iawn.

'Dydw i ddim eisio'r ifaciwîs,' meddai'n bendant. 'Lot o ffws i ddim byd. A dydyn nhw ddim yn trio siarad Cymraeg, dim ond chwerthin a giglan efo'i gilydd. Tasen nhw'n fechgyn, mi fuaswn i'n rhoi crwmffast go iawn iddyn nhw.'

Nodiodd Tomos heb ddweud gair.

'Beth am dy rai di?' holodd Emrys.

'Iawn, am wn i,' meddai Tomos.

Doedd o ddim yn siŵr iawn a oedd o am ddweud wrth Emrys am y dillad isa. Efallai mai cyhoeddi'r peth i'r ysgol gyfan wnâi ei ffrind, a byddai ei fam yntau'n gandryll am iddo achwyn.

Daeth Mr Price, y prifathro newydd, i sefyll yn nrws yr ysgol a'r gloch yn ei law. Ysgydwodd hi'n egnïol.

'Gwnewch linellau!' gwaeddodd. 'Ar unwaith!'

Prifathro wedi ymddeol ac wedi dŵad yn ôl i weithio er mwyn i'w prifathro nhw fynd i ymladd y Jyrmans oedd Mr Price. Roedd tymer ddrwg arno yn aml am fod ganddo grydcymalau yn ei ben-glin a honno'n brifo byth a beunydd.

Cerddodd pawb i'r ysgol yn llinellau trefnus a sefyll wrth eu desgiau yn ddistaw wedyn.

'Steddwch!' gorchmynnodd Mr Price gan gerdded i mewn yn gloff a sefyll wrth y ddesg uchel, gul o flaen y dosbarth. Agorodd y gofrestr a dechrau galw enwau.

'Emrys Hughes!'

'Yma, syr!'

'Tomos Jones!'

'Yma, syr.'

Wedi iddo orffen, caeodd Mr Price y gofrestr ac edrych ar y dosbarth dros ei sbectol.

'Ysgol yn y bore yn unig fydd yna o hyn ymlaen,' cyhoeddodd.

Edrychodd pawb ar ei gilydd yn syn.

'Ysgol i chi blant yr ardal bob bore, ac ysgol i'r ifaciwîs yn y pnawn.'

'Hwrê!' meddai Emrys o dan ei wynt.

'A dydi hynny ddim yn golygu dy fod ti'n cael diogi, Emrys Hughes,' meddai Mr Price yn llym. 'Mi fydd yna waith cartre i bawb.'

Gwaith cartre! Ond . . . ond . . . doedden nhw

byth yn cael gwaith cartre. 'Rhen ifaciwîs 'na eto, meddyliodd Emrys. Difetha pob peth! Yna cododd ei galon. Mi orffennai'r gwaith cartre mewn chwinciad chwannen a chael gweddill y pnawn i chwarae gyda'i ffrindiau.

'Wyt ti am ddŵad i'r den ar Foel Bach?' gofynnodd i'w ffrind wrth iddyn nhw adael yr ysgol.

'Na. Rydw i am fynd i weld beth sy'n digwydd gartre,' atebodd Tomos.

'Ifaciwîs eto,' meddai Emrys yn wgus. 'Waeth gen i amdanyn nhw.'

Ond roedd Tomos ar dân eisio gwybod sut oedd pethau gartre. Oedd yr ifaciwîs wedi codi a bwyta a siarad efo'i rieni? Tybed fuasen nhw'n lecio chwarae efo fo?

Cyrhaeddodd y buarth a sefyll yn stond. Roedd matres gwely dwbl y llofft gefn yn yr ardd efo staen mawr gwlyb arni. Ac roedd cynfasau a dwy flanced ar y lein ddillad, a sawl dilledyn ifaciwîs hefyd, a'i fam yn stwyrian yn bigog o'u cwmpas a'i dwy lawes wedi'u rowlio'n uwch na'i phenelinoedd.

'Dim ysgol i ni yn y pnawniau,' cyhoeddodd Tomos. 'Er mwyn i'r ifaciwîs gael mynd.'

Nodiodd ei fam heb ddweud gair, a bodio'r

dillad i weld a oeddent wedi sychu.

Edrychodd Tomos ar y rhes dillad ar y lein ac yna ar y fatres wlyb yn yr ardd.

'Be sy wedi digwydd?' holodd yn syn. 'Dydd Llun fyddwch chi'n golchi fel arfer. A pham mae matres llofft gefn allan? A lle mae'r ifaciwîs?'

'Yn y tŷ,' meddai ei fam a'i gwefusau'n miniogi.

'Mi a'i i siarad efo nhw,' cynigiodd Tomos.

'Cadw di dy ben yn ddigon pell oddi wrthyn nhw,' gorchmynnodd ei fam. 'Maen nhw'n berwi o lau. A chwain hefyd, yn ôl pob golwg.'

'Iesgob!' ebychodd Tomos yn gegagored.

'Mae dy dad wedi mynd i'r pentre i weld Miss Williams. Rhaid inni gael matres newydd a rhagor o stwff lladd llau.'

'Ydyn nhw'n gwlychu gwely hefyd?' holodd Tomos yn syn.

'Milly,' nodiodd ei fam. 'Ond cofia di, pell o'i chartre mae hi. Taswn i ond yn medru trechu'r chwain a'r llau ma, buan iawn y cawn ni drefn ar bethau.'

Aeth Tomos i'r tŷ a'i ben yn troi. Oedd pob ifaciwî efo llau a chwain, ynteu dim ond eu rhai nhw? Dechreuodd ei ben gosi. Nefi bliw! Tybed oedd ganddo yntau lau hefyd?

Roedd Norman a Milly'n eistedd ar y setl.

Syllodd y ddau ar Tomos wrth iddo gerdded i mewn heb ddweud gair. Safodd Tomos ar y mat o flaen tân heb wybod beth i'w ddweud.

'Hylô!' meddai o'r diwedd.

'Hello,' atebodd Norman.

Ond ddywedodd Milly 'run gair, dim ond edrych arno a'i llygaid yn goch a chwyddedig ar ôl crio cymaint. Roedd ei gwallt yn gudynnau hir, blêr o gwmpas ei hwyneb, a'i dwylo a'i breichiau'n fudr.

Synnodd Tomos wrth feddwl bod ei fam wedi gadael iddi fynd i'r gwely heb ymolchi, ond efallai na fyddai'n rhaid iddo yntau ymolchi mor aml rŵan 'run fath â'r ifaciwïs. Craffodd ar wallt Milly gan ddisgwyl gweld llau yn martsio'n un rhes ar hyd ei phenglog.

'What are you staring at?' holodd Norman a'i lygaid yn fflachio.

'Nothing,' meddai Tomos yn gloff.

Symudodd o un droed i'r llall yn anniddig.

'You . . . Sais. Me . . . Cymro,' meddai o'r diwedd.

'Yes,' meddai Norman.

'Yes,' nodiodd Tomos.

Disgynnodd distawrwydd dros y gegin unwaith eto. Yna cofiodd Tomos am ei gêm Liwdo. Brysiodd at y dreser i'w nôl.

'Chwarae . . . ymm . . .'

Chwiliodd am y gair Saesneg.

' . . . Play?' meddai.

'Yes,' meddai Norman.

Ceisiodd godi oddi ar y setl a symud at y bwrdd, ond gafaelodd Milly fel gelen ynddo.

'Come on, Milly,' ceisiodd ei pherswadio. 'It's only to play Ludo.'

'Don't like him,' meddai Milly'n benderfynol.

Ond dilynodd ei brawd at y bwrdd. Agorodd Tomos y bwrdd Liwdo ac estyn y deis.

'Coch i mi,' meddai.

'C-co-ooch?'

Roedd 'ch' Norman yn swnio fel gwn yn tanio.

'Yes . . . coch,' meddai Tomos gan bwyntio at y botymau lliw.

Gwrthododd Milly chwarae. Closiodd at ei brawd a'i llygaid yn sefydlog ar wyneb Tomos. Dechreuodd yntau deimlo'n annifyr. Oedd yna gyrn ar ei ben neu rywbeth?

Roedden nhw newydd ddechrau chwarae pan glywodd Tomos ei rieni'n siarad y tu allan. Clustfeiniodd.

'Rhaid rhoi'r dillad allan yn yr haul i ladd y chwain,' meddai ei dad, 'a rhoi digon o bupur neu bowdwr Keatings arnyn nhw. A rhaid torri gwallt

Milly'n gwta gwta, meddai Miss Williams, a'i olchi efo sebon Neko ddwywaith y dydd a'i gribo efo'r crib mân wedyn. Ac mi ga i nôl matres ail-law o'r ganolfan pan fydd 'na un ar gael. Ond mi gefais i ychydig o ddillad iddyn nhw gan y Groes Goch.'

'O diar!' ebychodd ei fam.

'Ein bai ni oedd peidio rhoi cynfas rwber ar y gwely, yn ôl Miss Williams. Mae plant sy'n hiraethu yn gwlychu gwely yn aml.'

'Swydd wedi mynd i'w phen hi,' meddai ei fam yn swta. 'Meddwl ei bod hi'n gwybod popeth. Rhaid imi ddechrau arni, felly,' ochneidiodd.

Pan ddaeth ei fam i'r gegin, chymerodd Tomos ddim arno iddo glywed gair rhag ofn i'w fam sôn am ei glustiau mawr unwaith eto!

5

'Dos i chwarae efo Emrys,' gorchmynnodd ei fam i Tomos wedi iddo gael brechdan jam a diod o lefrith i de.

'Ond newydd ei weld o ydw i.'

'Mi fyddi'n swnian digon am gael mynd fel arfer. A tyrd adre erbyn wyth.'

Ciciodd Tomos ei ffordd ar hyd y lôn garegog am dŷ Emrys. Ddim eisio iddo fo weld y molchi a'r torri gwallt oedden nhw. Ew! Mi fuasai wrth ei fodd yn aros i wylio ei fam yn cribo gwallt Milly i chwilio am lau. Mi fyddai'n taenu papur newydd ar y bwrdd ac yn gorfodi Milly i blygu drosodd a chael cribo'i gwallt efo'r crib mân miniog, annifyr.

Mi fyddai'r llau byw yn disgyn yn gawod ar y papur a'i fam yn eu clecian o dan ewin ei bawd i'w lladd. Fe gafodd o y driniaeth ei hun unwaith wedi iddo gael llau yn yr ysgol. Mi fetia i y bydd Milly'n strancio, meddyliodd.

Syllodd Emrys yn hurt arno pan gyrhaeddodd.

'Be wyt ti'n ei wneud yma?'

'Dŵad i chwarae, 'te.'

'Ond mi ddeudist ti . . .'

'Wn i. Ond maen nhw'n brysur gartre.'

'Yn y cae?'

'Na . . . efo'r ifaciwîs.'

'Hy! Fan'ma hefyd. Mae Mam yn eu sbwylio nhw. Mi fydda i'n gadael cartre os na challia nhw.'

'I lle'r ei di?'

'I fyw i den Foel Bach.'

'O!'

'Be maen nhw'n ei wneud efo dy ifaciwîs di?'

'Molchi nhw a dal llau,' meddai Tomos yn ddifeddwl.

Brathodd ei dafod, ond roedd hi'n rhy hwyr.

'Dwyt ti 'rioed yn dweud?' meddai Emrys yn gegagored. 'Mi gefais i lau y llynedd hefyd.'

'Paid â dweud wrth neb, cofia,' siarsiodd Tomos.

'Oes ganddyn nhw lot?'

'Wn i'm,' atebodd Tomos braidd yn gloff.

Roedd o'n difaru iddo ddweud gair erbyn hyn.

Cerddodd y ddau am den Foel Bach.

'Mae Dad am ymuno efo'r Hôm Giard,' cyhoeddodd Emrys yn sydyn.

'Iesgob! Ydi?'

'Mi gaiff o wn ac iwnifform ac mi fydd o'n mynd i ymarfer efo Cyrnol Wynn y Plas. Mae hwnnw'n giamstar ar wynebu'r gelyn, medda Dad, ond ei fod o'n rhy hen i gwffio rŵan. Mae o'n saith deg, ysti.'

Rhedodd Emrys ymlaen a'i daflu ei hun ar lawr a gwneud sŵn saethu i'r chwith a'r dde. Yna anelodd i'r awyr a mynd bang bang bang bang yn gyflym, cyn gwibio'i law fel awyren tua'r ddaear.

'Crash!' gwaeddodd nerth ei ben. 'Junkers oedd honna, yli. Mi saethais i hi fel roedd hi'n paratoi i fomio.'

‘Wnawn nhw ddim bomio yma, siŵr iawn.’

‘Be wyddost ti? Mae yna ffatri awyrennau sgïo’r dŵr yn Beaumaris, ‘does? Catalinas. Mi fetia i bydd y Jyrmans yn anelu am reiny.’

Cerddodd y ddau ymlaen nes cyrraedd y den. Bryn gweddol isel oedd Foel Bach. Ond roedd o’n ddigon uchel iddyn nhw weld y pentre a’r traeth yn y pellter, a’r rhan fwyaf o’r ffermydd o gwmpas hefyd.

‘Lwcowt ardderchog, yli,’ meddai Emrys yn llawn brwdfrydedd. ‘Synnwn i ddim petai’r sowldiwrs ‘na sy ar Bont y Borth yn bachu’r lle ‘ma tasen nhw’n gwybod lle mor dda ydi o.’

Gwnaeth Tomos lygaid bach i astudio'r den yn iawn.

'Ond does 'na ddim to,' dadleuodd. 'A mae pob lwcowt efo to i'w guddio. Mi ddarllenais i amdanyn nhw yn Yr Herald Gymraeg.

'Ddylen nhw ddim sôn amdanyn nhw. Careless talk cost lives, ysti. Ac mae lot o'r Jyrmans yn gwybod Cymraeg.'

'Ydyn nhw?'

'Ydyn, siŵr. Ysbïwyr, a phobl felly. Maen nhw ymhobman, medda Dad.'

'Ew!'

Aeth y ddau ati i chwilio am ychydig o frigau i wneud cuddfan. Roedd gan Emrys gyllell boced a bu wrthi'n ddyfal yn ceisio llifio ambell frigyn praff i wneud to go iawn.

'Dda i ddim,' meddai wrth rwbio'r gyllell wedyn ar garreg i geisio cael min. 'Mi ddown ni yma fory i wneud gwell joban. Gêm?'

'Os na fydd yr ifaciwîs eisio imi chwarae efo nhw,' meddai Tomos.

'Rheiny? Cadw draw ydi'r gorau iti, was. Neu berwi o lau a chwain fyddi di.'

6

Brysiodd Tomos adre. Rhedodd i'r gegin gan ddisgwyl gweld y bath tun o flaen y tân a phapur newydd i ddal llau ar y bwrdd. Ond roedd popeth wedi'i glirio a Norman a Milly'n eistedd wrth y bwrdd efo golwg lân ryfeddol arnyn nhw.

Syllodd Tomos ar Milly yn anghrediniol. Roedd ei gwallt wedi ei dorri'n gwta ac wedi mynd yn gyrls coch i gyd. Roedd hi'n *ddel.* Neu mi fuasai hi, tase hi'n peidio â gwgu cymaint.

Roedden nhw'n sgrifennu cerdyn i'w anfon at eu mam.

'She'll come and get us,' meddai Milly. 'I know she will.'

'Yes,' meddai Norman yn ddrwgdybus.

'It's better at home,' meddai Milly. 'That lady cut my hair and gave me a bath. I don't like her.'

'Mam ydi honna,' meddai Tomos yn chwyrn.

Roedd o'n deall digon o Saesneg i wybod bod Milly'n cwyno a gweld bai. Ond roedd ei fam yn gwneud ei gorau, doedd? Doedd hi ddim eisio llau a chwain yn y tŷ.

'Shut up!' meddai Milly'n wgus.

'Shut up dy hun,' meddai Tomos.

'I hate you,' meddai Milly.

'Sssh!' meddai Norman yn annifyr wrth i Mrs Jones ddŵad i'r gegin.

'Cael a chael wnest ti,' meddai ei fam wrtho gan edrych ar y cloc. 'Mae'n amser swper.'

Rhoddodd gig moch i'w ffrio yn y badell a thanio'r stôf baraffîn. Llanwodd arogl coginio y gegin. Sniffiodd Tomos arogl y bwyd yn bleserus.

'Ydi'r ifaciwîs yn cael bacwn hefyd?' holodd.

'Siŵr iawn,' oedd yr ateb.

Cododd ei fam y sleisys o'r badell a thorri wyau

i'r saim. Wedi iddynt goginio, rhoddodd nhw ar y platiau a'u gosod o flaen Tomos a'r ifaciwîs.

'Eat it,' meddai'n garedig gan dorri tafelli o fara a thaenu ymenyn fferm yn drwchus arnynt cyn eu rhoi ar blât mawr yng nghanol y bwrdd.

Estynnodd ddiod o lefrith i'r tri.

'Don't want it,' meddai Milly'n bwdlyd gan wthio popeth oddi wrthi.

Edrych yn ddrwgdybus braidd wnaeth Norman hefyd, ond estynnodd am y frechdan a dechrau bwyta. Gwnaeth wyneb od.

'It's got a funny taste,' meddai.

'Farm butter,' eglurodd Mrs Jones.

'We have margarine at home . . . and fish and chips,' ychwanegodd Norman gan edrych ar ei blât bacwn ac ŵy.

'Don't you like bacon and egg?' holodd Mrs Jones.

'Only fish and chips, and tripe sometimes, and bread with dripping on it,' meddai Norman.

'Y pethau bach,' rhyfeddodd Mrs Jones gan ysgwyd ei phen. 'Does dim rhyfedd eu bod nhw'n llwydaidd, a choesau fel priciau ganddyn nhw.'

'Ga i eu bacwn ac ŵy nhw, 'ta?' holodd Tomos. 'Dydyn nhw ddim am ei fwyta fo. Ac mae fy nghoesau i fel priciau hefyd,' ychwanegodd gan dynnu ei sanau pen-glin i lawr a dangos ei goesau cryfion.

'Paid â bod yn farus,' ceryddodd ei fam.

Yna aeth i'r buarth i ymgynghori efo'i gŵr.

'Wn i ddim beth i'w wneud, wir,' cwynodd. 'Wedi'r holl strach o roi bath iddyn nhw a pherswadio'r ddau bod angen datod gwniadau'r dillad isa, a thorri gwallt Milly a chribo'r llau, a chwilio am ddillad i'w ffitio nhw. Rydw i'n dweud wrthyt ti, dydw i ddim eisio *gweld* ifaciwîs byth eto.'

'Maen nhw yma i aros, ysti,' meddai ei gŵr. 'A buan iawn y byddan nhw wedi cartrefu, mi gei di weld.'

7

'Ddowch chi allan?' holodd Tomos gan godi o'i gadair. Roedd o ar dân eisio dangos anifeiliaid y fferm i'r ifaciwîs.

'What?' holodd Norman.

'Out . . . allan,' meddai Tomos.

'Where?' holodd Norman.

'Allan . . .' meddai Tomos eto gan amneidio â'i fawd.

'OK,' atebodd Norman gan dynnu Milly ar ei thraed.

'No,' meddai honno.

'Yes,' meddai Norman.

Anelodd Milly andros o gic at ei ben-glin.

'Ouch! You bloody girl!' rhegodd Norman gan ei hysgwyd nes roedd ei llygaid yn rowlio.

Roedd Tomos wedi dychryn wrth ei glywed yn rhegi. Mi fuasai ei fam yn golchi ei geg efo sebon meddal petai hi'n ei glywed, a hithau'n athrawes ysgol Sul.

'Sssh!' meddai gan ysgwyd ei ben. 'Mam . . . don't like.'

'She kicked me,' eglurodd Norman gan roi ysgytwad arall i Milly.

Yna llusgodd hi'n guchiog allan i'r buarth.

'Yn fan'ma,' meddai Tomos gan anelu am y beudy.

Agorodd y drws a mynd i mewn.

'Look!' meddai gan blygu dros y palis pren i ddangos y llo bach.

Pwysodd y tri drosodd i weld yn well.

'It stinks,' cwynodd Milly gan wasgu'i thrwyn efo'i bysedd.

'A little,' cyfaddefodd Tomos.

Ond beth oedden nhw'n ei ddisgwyl? meddyliodd yn ddiflas. Lle fel'na ydi fferm.

'Pig,' meddai gan anelu am y cwt mochyn. 'Lladd i gael bacwn,' eglurodd.

'What?'

'Lladd . . . kill,' eglurodd. 'Bacon.'

'Mucky thing,' meddai Milly.

'Hens,' meddai Tomos gan eu harwain at y cwt

ieir. Agorodd y drws. Roedd dwy iâr ar y nyth.

'Eggs,' meddai gan roi ei law o dan iâr a dangos yr ŵy roedd hi newydd ei ddodwy. 'Cynnes. Warm,' meddai.

'Where has it come from?' holodd Milly.

'From the hen, silly,' meddai Norman.

'From inside it?'

'Yes.'

'From its backside?'

'Yes.'

'Mucky thing.'

'Nel,' meddai Tomos gan ddangos y sied iddyn nhw nesaf.

Roedd Nel yn gorwedd yno'n magu pedwar ci bach. Cododd ei phen i edrych arnynt gan ysgwyd ei chynffon yn gyfeillgar, a baglodd y cŵn bach ar draws ei gilydd tuag atynt.

Plygodd Tomos i godi ci bach gwinglyd a'i estyn i Milly.

'Gafael ynddo fo,' meddai. 'Hold.'

Ufuddhaodd Milly. Gwenodd wrth iddo lyfu ei hwyneb yn egnïol.

'Nice dog,' crwnodd gan ei wasgu ati.

'Ci . . . dog . . .' meddai Tomos gan ymddwyn fel petai'n Mr Price y prifathro.

'C-ci-i,' ailadroddodd Milly.

'Yes,' meddai Tomos gan wenu'n gyfeillgar arni.

Dechreuodd y ci bach bi-pi.

'Owww!' meddai Milly.

Dechreuodd chwerthin wrth weld y gwlybaniaeth yn lledaenu ar ei ffrog. Trodd i roi'r ci bach ym mreichiau ei brawd.

'You have him. Can I come again?' holodd gan droi at Tomos.

'Cei, siŵr,' atebodd Tomos.

'You talk funny,' meddai Milly.

'He's Welsh,' meddai Norman.

'I talk English too,' meddai Tomos. 'Little bit.'

Gwenodd y tri ar ei gilydd am y tro cynta. Efallai y byddwn ni'n ffrindia wedi'r cyfan, meddyliodd Tomos. Dim ond inni ddeall ein gilydd.

'I'm not eating dead pig or shitty eggs,' meddai Milly wrth iddyn nhw gerdded yn ôl i'r tŷ. 'And I want proper milk from a bottle.'

Dechreuodd wgu unwaith eto.

Gawn ni weld am hynny, meddyliodd Tomos.

8

Roedd Norman a Milly yn byw efo nhw ers wythnosau bellach ac erbyn hyn, roedd Tomos yn dechrau arfer efo dau ifaciwî yn ei gartre.

'Rydw i'n giamblar ar y Saesneg 'ma rŵan,' broliodd wrth gerdded o'r ysgol efo Emrys un diwrnod.

'Dydw i ddim eisio siarad rwtsh efo ifaciwîis ni,' oedd ateb hwnnw.

Roedd Emrys wedi syrffedu ar ifaciwîs, yn enwedig genod ifaciwîs fel ei rai o. Roedden nhw'n parablu Saesneg, ac yn giglan a sbio'n gam arno fo fel petai o'n glown mewn syrcas.

'Iawn arnat ti,' grwgnachodd. 'Rwyt ti'n *lecio* ifaciwîs!'

Gwahanodd y ddau am eu cartrefi. Doedden nhw ddim wedi ffraeo, ond doedden nhw ddim yn cyd-weld.

Y noson honno, fel pob noson arall, bu'n rhaid i Tomos a'r ifaciwîs fynd i'w gwelyau cyn naw o'r gloch.

'Rydw i eisio gwrando ar y weiarles,' meddai ei

fam. 'Ac mae dy dad am fynd i ymuno â'r Hôm Giard.'

'Ew! Ydi?' rhyfeddodd Tomos. 'Gaiff o wn ac iwnifform a sgidiau martsio 'run fath â thad Emrys?'

'Caiff, am wn i. Rhaid i bawb wneud eu gorau, ysti. Rhag ofn i'r Jyrmans ddŵad.'

Roedd Tomos yn llawn brwdfrydedd. Buasai'n lecio bod yn yr Hôm Giard ei hun petai o'n ddigon hen.

'Ydi'r rhyfel am barhau'n hir, Mam?' holodd yn obeithiol.

'Nac ydi, siŵr,' meddai ei fam. 'Dim ond ychydig fisoedd, meddai'r llywodraeth.'

'O!' meddai Tomos.

Edrychodd Tomos ar yr ifaciwîs. Roedd o dipyn bach o ffrindiau efo nhw erbyn hyn, hyd yn oed efo Milly. Ac roedden nhw'n gwybod ychydig o Gymraeg hefyd, ac yntau'n siarad Saesneg fel Sais go iawn, broliodd ei hun.

'Dad go to Home Guard,' meddai.

'What's that?' holodd Norman.

'Yyy . . . byddin i warchod y wlad,' meddai Tomos.

'What?'

'Deudwch chi wrtho fo, Mam.'

'It's like a country army,' eglurodd Mrs Jones. 'Just in case the Germans come.'

Deffrodd Tomos yn oriau mân y bore. Roedd o'n chwys domen o dan y dillad. Oedd ei dad wedi cyrraedd adre? Gwrandawodd am unrhyw smic. Dim. Beth tasa'r Jyrmans yn dŵad a'i dad heb gael gwn iawn eto? Dim ond picwarch oedd ganddo'n mynd i ymuno.

Sbonciodd ar ei eistedd yn sydyn. Roedd sŵn awyrennau uwchben. Neidiodd o'i wely i sbecian trwy'r blacowt. Roedd pelydrau chwiloleuadau yn

chwarae crisgroes yn yr awyr, a sŵn yr awyrennau'n cynyddu rywle uwchben. Chwilio am awyrennau'r Jyrmans oedd y chwiloleuadau. A lle'r oedd ei dad?

Neidiodd am y landin a phalfalu ei ffordd i lofft ei rieni.

'Jyrmans, Mam,' meddai'n grynedig. 'Maen nhw wedi dŵad.'

Teimlai bron â chrio.

'Lle mae Dad?'

'Heb gyrraedd adre eto,' meddai ei fam a'i llais yn crynu.

Daeth thwmp anferth o rywle'n agos a sŵn gwydrau'n torri'n deilchion.

'O'r nefoedd fawr!' ebychodd ei fam. 'Bom oedd honna.'

Daeth gwaedd sydyn o'r llofft gefn. Brysiodd ei fam yno a Tomos wrth ei chwt.

'To the cupboard under the stairs at once,' gorchmynnodd Mrs Jones. 'We'll be safe there.'

Taflodd Milly ei hun ati.

'There, there,' cysurodd Mrs Jones. 'Come along. Quickly now.'

Palfalodd y pedwar eu ffordd i lawr y grisiau. Doedd wiw iddyn nhw ddangos llygedyn o olau rhag ofn i'r Jyrmans ei weld.

'Ydi'r blacowt dros y ffenest?' holodd Tomos yn ofnus.

'Ydi,' atebodd ei fam gan ymwthio gyda nhw i'r twll dan grisiau.

Roedd hi'n dywyll fel y fagddu yno ac yn anodd anadlu ynghanol y brwsys llawr a'r cotiau a'r welingtons. Swatiodd Tomos yn dynn wrth ochr Norman. Roedd dannedd hwnnw'n clecian a'i gorff yn crynu fel deilen.

'Just like in Liverpool,' meddai'n isel.

'We won't die, will we?' holodd Milly'n ddagreuol. 'I want my mam and dad.'

'Of course not,' meddai Mrs Jones gan ei gwasgu ati.

Gwrandawodd pawb gan ddisgwyl clywed rhagor o fomiau'n syrthio. Ond doedd yna ddim ond distawrwydd.

'Mae'n well inni aros yma,' meddai Mrs Jones. 'Stay here,' meddai wedyn wrth Norman a Milly.

Yna clywson nhw ddrws y cefn yn agor a sŵn traed trymion ar lawr y gegin.

'Y Jyrmans!' meddai Tomos wedi dychryn am ei hoedl.

'Traed dy dad ydi'r rheina,' meddai ei fam gan agor drws y twll dan grisiau a chamu allan.

'Bob?' galwodd.

'Ia,' daeth yr ateb.

'Y bomiau. Ydi pawb yn ddiogel?'

'Ydyn.'

'Ond mi glywson ni sŵn malurio gwydr.'

'Ychydig ffenestri yn y pentre, a thŷ gwydr Rolant yn chwilfriw hefyd. Pelydrau'r chwiloleuadau'n disgleirio arno fo, medda Wil Sarjant, a'r Jyrmans yn tybio mai ffatri oedd o. Dianc o flaen ein hawyrennau ni oedden nhw, a gollwng bomiau rywle rywle.'

Chafodd neb fawr o gwsg yn ystod gweddill y noson. Ond roedd gan Tomos lot i siarad amdano efo Emrys pan welai ef.

9

‘Wyt ti ’rioed yn ffrindiau go iawn efo nhw?’ holodd Emrys wrth gerdded adre o’r ysgol rai wythnosau wedyn.

‘Ydw.’

‘Efo’r hogan Milly ‘na hefyd?’

‘Weithiau.’

‘Be wyt ti’n ei feddwl . . . weithiau?’

‘Pan fydd tymer dda arni.’

‘Hy! Dydw i ddim am fod yn ffrindiau efo ’run ohonyn nhw, yn enwedig genod ifaciwîs.’

‘Ond mi fyddan nhw’n dŵad i’r ysgol ar unwaith â ni pan fyddan nhw wedi dysgu digon o Gymraeg.’

‘Dim ots gen i.’

‘Ac mae Norman a Milly wedi bod yn yr ysgol Sul un pnawn efo Mam.’

‘Fuasen nhw ddim yn cael dŵad i’r eglwys.’

‘Buasen, siŵr.’

‘Wel . . . ddim ifaciwîs ni.’

‘Ond dydi hynny ddim yn deg.’

‘Dydŷn nhw ddim ’run fath â ni.’

'Ydyn siŵr.'

'Nac ydyn.'

Roedden nhw bron â ffraeo . . . a hwythau'n ffrindiau erioed!

'O, tyrd laen, Emrys. Gaiff Norman a Milly ddŵad i'r den? Dydyn ni byth wedi gwneud den go iawn. Mi gawn nhw helpu i dyrchio twll digon dwfn i guddio rhag y Jyrmans. Dyna mae'r Hôm Giard yn ei wneud wrth bont y traeth.'

Safodd Emrys yn stond.

'Ia, 'te?' atebodd yn llawn brwdfrydedd. 'Ac mi ddo i â phicwarch 'nhad i'r den hefyd. Maen nhw i gyd wedi cael gynnau go iawn rŵan. Reifflau Lee Enffield. Hen rai ydyn nhw, ond maen nhw'n saethu'n iawn, medda Dad.'

'Mi wn i, siŵr. Mae Dad wedi cael un hefyd.'

'O.'

'Ond beth am yr ifaciwîs? Efallai y buasai dy rai di yn lecio dŵad hefyd.'

'Genod ifaciwîs ni? Dim ffeiars, was. Na dy Milly di chwaith.'

'Norman, 'ta.'

'Ol reit. Ond dim ond os ydi o'n un da am dyrchio.'

Aeth Tomos adref yn llawn hwyliau. Roedd o'n edrych ymlaen at ddweud wrth Norman. Wrth gwrs, roedd yn rhaid iddo aros i'r ifaciwîs gyrraedd adre o'r ysgol bnawn. Eisteddodd ar wal y buarth i'w disgwyl.

'Come with me. Den . . . dig,' meddai wrth Norman wedi iddyn nhw gyrraedd o'r diwedd.

'Yes,' meddai Norman a'i wyneb yn goleuo.

'Me too,' meddai Milly.

'No,' meddai Tomos.

'Yes,' meddai Milly gan ddobio'i thraed yn dymherus. 'I'm coming, so there!' gwaeddodd.

'Won't go, then,' meddai Tomos gan wybod na allai Emrys ddioddef genod ifaciwîs.

Trodd Milly a rhedeg am y siêd lle roedd Nel a'i chŵn bach. Trodd wrth y drws.

'Don't you dare go without me!' bygythiodd.

Diflannodd i'r sied. Edrychodd Norman a Tomos ar ei gilydd, yna cychwynnodd y ddau ar ras i lawr y lôn garegog ac am Foel Bach.

'She'll be spitting mad,' chwythodd Norman gan redeg nerth ei draed.

'Bydd,' meddai Tomos.

Cyrhaeddodd y ddau y den heb sylwi fod Milly wedi eu dilyn o hirbell. Roedd hi wedi sbecian o ddrws y siêd a'u gweld yn ei heglu hi i lawr y lôn. Ac heb aros eiliad, roedd hi wedi eu dilyn, gan gario un o'r cŵn bach, a hwnnw'n gwingo a llyfu

a chrafangio yn ei breichiau.

'Nell won't mind,' cysurodd ei hun gan afael yn dynn ynddo.

Roedd Emrys yn brysur o gwmpas y den pan gyrhaeddodd Tomos a Norman.

'Chdi . . . help,' meddai.

'Yes,' meddai Norman.

Yna cyrhaeddodd Milly. Roedd ei hwyneb yn goch a'i sanau'n hongian uwch ei sgidiau careiau agored.

'Fi . . . come too,' cyhoeddodd cyn rhoi'r ci bach ar y glaswellt a gadael iddo redeg o gwmpas.

'Be ddeudis i?' gwylltiodd Emrys. 'Dim genod ifaciwîs. Dydyn nhw'n ddim byd ond niwsans.'

'Wyddwn i ddim ei bod hi'n dŵad,' protestiodd Tomos. 'Mi ddeudis i na châi hi ddim.'

'Sorry,' meddai Norman wrth weld y ddau'n wynebu'i gilydd a'u hwynebau'n fflamgoch.

Daeth sŵn clecian o rywle ymhell. Trodd pawb i edrych.

'Gynnau awyrennau,' meddai Emrys yn wybodus. 'Ymarfer maen nhw.'

Cynyddodd y sŵn a syllodd pawb i'r awyr.

'Dacw nhw!' gwaeddodd Tomos yn sydyn. 'Dwy awyren yn dilyn ei gilydd.'

Roedden nhw'n troi a throsi ymhell uwchben, a'r sŵn clecian i'w glywed yn ddibaid.

'Spitfire ni ar ôl Jyrman!' gwaeddodd Emrys gan hopian a neidio a chwifio'i freichiau'n gynhyrfus. 'Mi fydd yn siŵr o saethu'r Jyrman i lawr, gewch chi weld.'

Yn ddisymwth, plymiodd y ddwy awyren tuag at y ddaear. Roedden nhw'n dod yn nes ac yn nes, a'r sŵn saethu'n cynyddu'n fyddarol.

'I'R DEN!' gwaeddodd Tomos yn sydyn.

'BRYSIWCH!'

Taflodd pawb eu hunain i mewn iddo wrth i'r awyrennau nesáu'n gyflym. Trawodd rhes o ergydion ben draw'r ffridd gan godi cymylau bach o laswellt a phridd.

Cyrcydodd pawb yn ofnus. Yna . . .

'Puppy!' gwaeddodd Milly.

A heb oedi eilwaith rhuthrodd o'r den a rhedeg nerth ei thraed i gyfeiriad y ci bach oedd yn rowlio a chwarae dal ei gynffon ar y glaswellt.

Cleciodd y bwledi o'i chwmpas a chynyddodd y rhuo uwchben wrth i'r ddwy awyren chwarae mig â'i gilydd yn wyllt.

'MILLY!' bloeddiodd Norman gan neidio ar ei draed.

Baglodd Milly wrth geisio dal y ci bach.

'She'll be killed!' gwaeddodd Norman.

Rhuthrodd o'r den a chychwyn ar ras i'w hachub gan adael Tomos ac Emrys yn gegagored ac ofnus yn y den.

'Mi fyddan nhw wedi'u lladd,' meddai Tomos.

Neidiodd ar ei draed ond heb wybod yn iawn beth i'w wneud. Ond roedd Milly wedi dal y ci bach erbyn hyn ac yn rhedeg fel randros yn ôl heb falio dim am glecian y bwledi, nac am yr awyrennau a ymladdai mor swnllyd uwchben. Ymaflodd Norman ynddi a'i thynnu hi a'r ci bach i ddiogelwch prin y den. Swatiodd pawb yno.

'Whiw!' meddai Emrys gan edrych yn edmygus ar y ddau.

Chwiliodd am y gair Saesneg.

'Brave,' meddai, gan wenu ar Milly. 'A chdi hefyd,' ychwanegodd wrth edrych ar Norman.

'You shouldn't have done that,' ceryddodd Norman ei chwaer.

Ond doedd Milly ddim am wrando. Roedd hi eisio gwybod a gâi hi ddŵad i'r den efo nhw eto.

'Can I come here with you every day now?' holodd yn obeithiol.

'Yes!' meddai pawb.

Daeth clec anferth yn y pellter a chododd cwmwl o fwg rywle o gyfeiriad y traeth.

'Ddeudis i, do?' meddai Emrys yn fodlon gan gysgodi'i lygaid a syllu i gyfeiriad y sŵn. 'Spitfire ni wedi ei dinistrio hi.'

Chwifiodd pawb eu dwylo wrth weld y Spitfire yn gwneud 'victory roll' uwchben cyn diflannu i gyfeiriad y Fali.

10

'Lle mae Dad?' holodd Tomos wedi iddyn nhw gyrraedd adref o'r den a gweld Bess yn y stabl a neb yn y cae ŷd.

'Galwad brys,' atebodd Mrs Jones gan roi proc egnïol i'r tân. 'Ei alw allan gan yr Hôm Giard. A hynny jest pan oedd o'n cyrraedd y cae i dorri'r ŷd. Awyren wedi cwympo, meddai'r neges. Does gan y llywodraeth yma ddim syniad am ffermio. Mae'n bwysig torri'r ŷd a'i stycio rhag ofn i'r tywydd yma newid.'

Roedd Norman a Milly'n deall digon o Gymraeg bellach i wybod beth oedd wedi digwydd. Gwenodd y tri ar ei gilydd.

'German plane,' sibrydodd Norman.

'Awyren ydi plane,' sibrydodd Tomos.

Roedd o'n credu'n siŵr ei fod o'n athro Cymraeg penigamp erbyn hyn.

'Ia,' meddai Norman.

'Lle buoch chi'ch tri?' holodd Mrs Jones.

'Jest o gwmpas,' meddai Tomos gan groesi ei fysedd.

Cyrhaeddodd ei dad tua saith o'r gloch. Roedd

golwg wedi'i blesio arno.

'Mi fuost yn ddigon hir,' meddai Mrs Jones yn bigog. 'Wn i ddim pa bryd y cawn ni'r ŷd yna yn ei styciau.'

'Mae'n olau tan hanner nos wedi i'r llywodraeth newid y clociau,' meddai ei gŵr.

'Ia . . . wel,' meddai Mrs Jones yn anfodlon.

Roedd y llywodraeth wedi gorchymyn troi'r clociau yn ôl ddwyawr fel bod pob ffermwr yn medru gweithio'n hwyr yn ystod y cynhaeaf.

'Maen nhw'n busnesu gormod efo bywydau pobl,' meddai Mrs Jones yn fwy anfodlon byth. 'Yn eu gwelyau ddylai pawb call fod am hanner nos.'

'Ond mi gawson ni'r peilot Jyrman yna. Ei barashiwt yn hongian ar goeden ac yntau'n cicio a stryffaglio i drio dŵad yn rhydd,' meddai Mr Jones.

'Wnaethoch chi ei saethu fo, Dad?' holodd Tomos.

'Naddo,' meddai ei dad. 'Ond mi roedden ni'n barod i wneud tasa fo'n trio dianc.'

'Biti,' meddai Tomos wrth gofio am y saethu a'r bwledi o gwmpas y den. Beth tasai Milly wedi ei lladd wrth achub y ci bach?

'Mae o'n ddiogel yn y ddalfa, paid ti â phoeni,' meddai ei dad.

Trodd at ei wraig.

'Swper go sydyn, Ann,' meddai. 'A help llaw ganddoch chi i gyd yn y cae ŷd wedyn.'

Roedd Tomos yn credu'n bendant y buasai o wedi saethu'r Jyrman. On'd oedden nhw'n bomio ac yn lladd pobl ddiniwed yn Lerpwl a lleoedd felly?

Ond pan ddeudodd o hynny wrth ei dad, yr ateb oedd, 'Ac mi rydan ninnau'n bomio a saethu'n ôl bob cyfle gawn ni, Tomos. Peth ofnadwy ydi rhyfel, ysti.'

Bu pawb yn gweithio'n galed yn y cae ŷd. Cyrhaeddodd rhai o ddynion y pentre i helpu, ac Emrys a'i dad hefyd. Roedd gan Mr Jones beiriant cynaeafu reaper, a bu Bess yn ei dynnu'n ôl a blaen i dorri'r ŷd a'i adael yn sypiau ar y cae. Ac wedyn, roedd yn rhaid iddyn nhw gael tusw tenau o ŷd a'i rowlio i wneud rhaff, a chlymu'r ŷd yn ysgubau efo hi.

Doedd Tomos ddim yn lecio'r gwaith, yn enwedig cludo'r ysgubau i wneud styciau chwe ysgub wedyn. Roedd ei freichiau noeth yn sgriffiadau a phigiadau pryfed llwydion i gyd, ond fe wyddai mai dyna'r unig ffordd i gadw'r ysgubau'n sych petai hi'n bwrw glaw.

'I'm tired . . . blino,' cwynodd Milly.

'Me too,' cysurodd Tomos.

'Sit here and hide,' ychwanegodd gan bwyntio at stycyn ŷd.

Gwenodd Milly'n gyfeillgar arno. Roedd hi'n dechrau lecio bod yn ifaciwî a byw ymhell o Lerpwl. Ond mi fuasai'n braf cael ei rhieni yma hefyd.

Tua deg o'r gloch, bu'n rhaid i Tomos a'r ifaciwîs fynd am eu gwelyau, ac i Emrys frysio am adre hefyd, ond roedd y dynion am weithio am awr neu ddwy eto.

'Get into bed,' gorchmynnodd Mrs Jones wedi iddi ofalu bod y tri wedi molchi yn y ddysgl enamel, a chael diod o goco. 'School again tomorrow.'

Dringodd y tri i fyny'r grisiau wedi blino'n lân.

'Night . . . nos da,' meddai pawb cyn disgyn i'r gwely i gysgu'n sownd.

11

Wedi iddo farcio'r gofrestr drannoeth, cyhoeddodd Mr Price fod yn rhaid ymarfer gwisgo masgiau nwy.

'Ooo!' cwynodd pawb.

Roedd yn rhaid i'r plant ymarfer gwisgo'r masgiau bob pythefnos. Hen bethau annifyr i'w gwisgo oedden nhw, efo strapiau i'w rhoi dros eu pennau, a rwber yn glynu'n dynn i'r wyneb. Roedd yna ffenest fach i weld trwyddi, a honno'n mynnu cymylu drosodd wrth iddyn nhw drio anadlu.

'Yyych!'

Grwgnachodd pawb eto wrth estyn y masgiau o'r bocsys carbord.

'Rhaid eu gwisgo am ddeng munud,' eglurodd Mr Price gan eistedd ar ei gadair uchel wrth ei ddesg ac edrych ar y cloc. 'Ydi pawb wedi gofalu dod a'i fasg i'r ysgol?'

'Ydyn, syr.'

'Wedi i mi gyfri i dri, gwisgwch eich masgiau ar frys.'

'Mi fydda i wedi mygu,' cwynodd Tomos gan

ymladd efo'r strapiau a cheisio'u gwthio dros ei ben.

'Tomos Jones,' meddai Mr Price yn llym. 'Mygu yn nwy y Jyrmans fyddi di! Brysia!'

Roedd pawb yn cael hwyl wrth weld ei gilydd yn y masgiau trwsgl.

'Trwyn eliffant!' meddai Emrys mewn llais dwfn aneglur y tu ôl i'r rwber.

Trodd ei ben i graffu ar Mr Price. Roedd hwnnw'n eistedd wrth y ddesg a'i ben yn ddwfn ym mhapur Yr Herald Gymraeg. Gwenodd Emrys wrtho'i hun. Rŵan am hwyl! Dechreuodd anadlu'n drwm. Roedd o'n gwybod yn iawn beth ddigwyddai nesaf.

'CHCHCHchchch!'

Gwnaeth y masg sŵn rhech fawr! Ond doedd wiw i neb chwerthin. Mi fuasen nhw'n mygu yn eu masgiau, ac mi fyddai Mr Price yn siŵr o roi waldan iddyn nhw efo'i gansen. Ac mi roedd hynny'n *brifo!*

'Mochyn!' meddai Tomos yn aneglur gan lygadu Emrys.

Yna ceisiodd o wneud 'run fath. Yn fuan roedd y rhan fwyaf o'r plant yn anadlu'n drwm a sŵn rhech ar ôl rhech yn llenwi'r dosbarth.

'Dyna ddigon!' bloeddiodd Mr Price gan daro'r ddesg efo'r gansen.

Wedi iddyn nhw fustachu am ddeng munud a chwyno eu bod nhw bron â llewygu mewn lleisiau aneglur, gorchmynnodd Mr Price iddyn nhw dynnu'r masgiau a'u cadw'n ddiogel yn y bocsys, a gofalu eu cludo efo nhw i bobman bob amser!

'I'r tŷ bach yng ngwaelod yr ardd hefyd,' sibrydodd Emrys gan roi pwniad i Tomos.

'Mi glywais i hynna,' arthodd Mr Price gan wneud wyneb cas. 'Ia, i'r tŷ bach hefyd, Emrys Hughes. Wyddwn ni ddim pa bryd y daw y Jyrmans.'

Safodd wrth ei ddesg yn barod i wneud cyhoeddiad arall.

'Fel y gwyddoch chi, mae'n rhaid casglu pob

tamaid o wastraff ar hyn o bryd. Rydw i'n gobeithio eich bod chi i gyd yn cofio hynny. Potiau jam, papur, hen sosbenni; maen nhw i gyd yn ddefnyddiol mewn ymgyrch ryfel. Rhaid ichi atgoffa eich rhieni heno.'

'Ydi'r milwyr eisio sosbenni efo tyllau ynddyn nhw?' holodd Emrys yn ddiniwed.

Craffodd Mr Price arno am eiliadau hir.

'Emrys Hughes, mi fydda i'n credu weithiau mai marblis sydd gen ti yn y penglog yna, nid ymennydd. Mae angen sosbenni aliwminiwm i adeiladu Spitfires, siŵr iawn.'

'Ond os oes tyllau ynddyn nhw, syr, fydd yna dwll yn y Spitfire hefyd?'

Roedd llygaid Mr Price yn fflachio erbyn hyn, a'i fysedd yn tynhau am y gansen.

'Cau hi, Emrys,' sibrydodd Tomos.

'Dim ond gofyn wnes i,' meddai Emrys gan wneud wyneb diniwed. 'Dydi Spitfire efo twll ynddi'n dda i ddim i ymladd Jyrmans, yn nac ydi, Mr Price?'

Ond roedd Mr Price wedi cael llond bol. A chyn i Emrys sylweddoli beth oedd yn digwydd, gafaelodd llaw fawr yn ei sgrepan a'i dynnu yn erbyn ei ewyllys i ben blaen y dosbarth.

'Llaw allan,' sgyrnygodd Mr Price.

Ufuddhaodd Emrys yn anfodlon.

Swish! Swish! Swish! Caeodd Emrys ei lygaid efo pob swish. Roedd ei law'n llosgi'n drybeilig a grymau mawr cochion fel rhesi cae tatw yn codi arni.

'Yn ôl i dy ddesg, a bihafia dy hun,' sgyrnygodd Mr Price eto.

Disgynnodd distawrwydd dros y dosbarth a phenderfynodd pawb fihafio'i hun am weddill y dydd rhag ofn i Mr Price golli'i limpin eto.

Eisteddodd Emrys yn dawedog wrth ei ddesg. Ew! Roedd ei law yn brifo! Hen gena càs oedd Mr Price. Ond doedd wiw iddo gwyno ar ôl cyrraedd adre chwaith, neu mi gâi gwrbins arall am fod yn hogyn drwg yn yr ysgol.

'Taswn i wedi cael blewyn cath i roi ar gledr fy llaw,' cwynodd ar y ffordd adref, 'fuasai'r gansen wedi brifo *dim,* yli.'

12

'Postman!' gwaeddodd Milly un bore Sadwrn gan redeg ar hyd yr iard.

Gwyliodd Glyn Postman yn neidio oddi ar ei feic ac yn palfalu yn ei fag.

'Letter! Ymm . . . yy . . . llythyr i Norman a fi?'

'Chwarae teg iti am ddysgu Cymraeg,' meddai. 'Cymraes fach fyddi di cyn bo hir, gei di weld.'

Ond doedd Milly ddim yn deall ei eiriau'n iawn, ac roedd hi ar dân eisio gwybod a oedd yna lythyr iddi hi a Norman ai peidio. Roedden nhw yma ers wythnosau bellach, a doedd eu mam *byth* wedi dod i'w gweld. Ond roedden nhw'n disgwyl neges ei bod hi ar ei ffordd bob tro y deuai llythyr iddyn nhw.

'Wel, oes wir,' meddai Glyn Postman gan wenu arni. 'Llythyr a dy enw di a Norman arno fo.'

Estynnodd o iddi.

'Norman!' gwaeddodd Milly gan redeg i'r tŷ. 'Llythyr . . . from Mam! Maybe she's coming to see us.'

Dilynodd Glyn Postman hi i'r tŷ efo'r gweddill o'r llythyrau. Roedd golwg chwyslyd iawn arno.

'Rwyt ti'n fore iawn heddiw, Glyn,' meddai Mrs Jones gan edrych ar y cloc mawr.

'Diwti Hôm Giard y pnawn 'ma,' oedd yr ateb pwysig.

'Diar bach,' ebychodd Mrs Jones. 'Mae'r rhyfel 'ma'n drysu pawb.'

Gwyliodd Norman a Milly yn eistedd wrth y bwrdd ac yn agor yr amlen a gwelodd y siom ar eu hwynebau.

'Gair gan eich mam?' holodd yn garedig.

'Ia . . . yes,' nodiodd y ddau.

'She's not coming,' meddai Milly'n wylofus.

'Prysur . . . busy . . . mae hi,' cysurodd Mrs Jones hi.

'But . . .' meddai Milly. 'Ond . . .' meddai hi wedyn.

Cododd oddi wrth y bwrdd a rhuthro allan i'r buarth. Brysiodd Norman ar ei hôl.

'Mae'r ddau'n hiraethu am eu mam,' eglurodd Mrs Jones. 'Ond fedr honno ddim dŵad fel y myn hi, ddim ar adeg rhyfel fel hyn a hithau'n gweithio yn y miwnishons. Gwneud bwledi a phethau felly, a'u tad nhw yn y fyddin.'

Nodiodd Glyn Postman.

'Glywsoch chi?' holodd.

'Clywed be, neno'r tad?' meddai Mrs Jones yn

ffrwcslyd wrth bwyso blawd i wneud teisen mwyar duon a rhoi tro i'r lobsgows ar y stof baraffîn 'run pryd.

'Llong anifeiliaid o Iwerddon wedi taro mein. Llond traeth yr ochr arall i'r ynys o gyrff defaid a gwartheg wedi boddi.'

'Bobol annwyl! Be wnawn nhw efo'r cyfan?'

'Ffermwyr yr ardal yn gorfod eu claddu. Peryglon iechyd, meddai'r Weinyddiaeth Amaeth.'

'Dyna fo eto,' meddai Mrs Jones. 'Mae gan ffermwyr ddigon i'w wneud heb orfod claddu cyrff i'r Weinyddiaeth Amaeth.'

'Fel'na mae hi,' meddai Glyn Postman wrth iddo gofio ei fod ar frys.

Gwadnodd hi am y drws. Roedd o wrth ei fodd yn yr Hôm Giard. Fe deimlai fel cawr wedi iddo gael iwnifform a reiffl a dyletswyddau pwysig i'w gwneud. A gwae unrhyw Jyrman a fentrai i Gymru. Roedd o'n barod amdanyn nhw.

Gwyliodd Mrs Jones ef yn pedlo fel randros i lawr y lôn cyn troi at y stof.

'Rhen ryfel 'ma,' meddai wrthi'i hun gan ysgwyd ei phen yn ddifrifol. 'Mae o'n drysu bywyd pawb.'

'She won't come,' wylodd Milly wedi cyrraedd drws y siêd. 'Never, Norman.'

'Yes, she will,' meddai Norman.

'I want her now.'

'Me too,' oedd yr ateb digalon.

Cyrhaeddodd Tomos o'r pentre.

'Emrys . . . gone to Bangor . . . efo'i dad,' meddai. 'Be wnawn ni y pnawn 'ma?'

Yna sylwodd ar wynebau'r ddau.

'Be sy?' holodd.

'She's not coming,' meddai Norman.

'Pwy?'

'Mam.'

'Biti,' meddai Tomos. 'Ond . . . next week . . . efallai,' cysurodd nhw.

Roedd o'n gwybod bod mamau rhai o'r ifaciwîs wedi dŵad i weld eu plant, ond doedd mam Norman a Milly erioed wedi bod. Ac roedden nhw yma ers wythnosau rŵan.

'Write cerdyn iddi,' meddai. 'Ask plîs ddaw hi. Village . . . post . . . wedyn.'

'O . . . yes . . . ia,' meddai Milly gan redeg am y tŷ.

Wedi iddyn nhw sgrifennu'r cerdyn a chael stamp gan Mrs Jones, cychwynasant am y pentre. Roedd siop Mrs Lloyd yn gwerthu pob math o bethau. Ond yn ystod rhyfel fel hyn, doedd dim modd prynu bwyd heb lyfr dogni, a Mrs Jones fyddai'n mynd i'r siop bob amser. Byddai Tomos yn ei chlywed yn cwyno'n aml, ac roedd yntau'n cwyno hefyd. Roedd fferins yn brin amser rhyfel.

'Dim ond dwy owns o de ac wyth owns o siwgr yr un am wythnos gyfan.'

Ond roedden nhw'n lwcus am eu bod nhw'n byw ar fferm ac yn cael digon o wyau a llefrith yn ogystal â llysiau o'r cae. Ac mi fydden nhw'n cael trwydded arbennig i ladd mochyn neu ddafad weithiau hefyd.

'Awn ni i lawr i'r traeth?' cynigiodd Tomos.

'Beach?'

'Ia,' meddai Tomos.

'Iawn,' meddai Norman.

Roedden nhw bron â chyrraedd y bont fach dros yr afon pan ddaeth gwaedd ar y dde iddyn nhw.

'Halt! Who goes there?'

'Y ni,' atebodd Tomos.

'Hands up!' gwaeddodd aelod o'r Hôm Giard gan gerdded amdanyn nhw a'i wn yn anelu i'w cyfeiriad.

Glyn Postman oedd ar ofalaeth wrth y bont.

'Surrender!' meddai'n chwyrn.

'Ond Tomos Pen Parc a'r ifaciwîs sydd yma,' meddai Tomos yn ddryslyd.

‘Stand still!’ bloeddiodd Glyn Postman a cherdded yn gylch o’u cwmpas a’i wn yn barod i danio.

‘Ond . . .’ meddai Tomos yn ddryslyd eto.

‘Friend or foe?’ bloeddiodd Glyn Postman.

‘Ffrind, wrth gwrs,’ meddai Tomos.

‘Rhaid bod yn siŵr,’ meddai Glyn Postman gan estyn am ei Woodbine o’i boced. ‘Be wyddwn i? Efallai mai ysbïwyr Jyrman oeddech chi.’

Eisteddodd gyda nhw wrth ochr y bont.

‘I’r fan yma y down nhw, medda Cyrnol Wynn. Traeth braf a digon o le i gychod lanio. Dyna pam rydw i yma. I’w stopio nhw’n stond. A dyna chi jôc! Y fi bach unig yn erbyn y gelyn.’

Gwenodd yn falch.

‘Ond mae Hôm Giard profiadol fel fi yn barod am rywbeth, ychi.’

Fedrai Tomos ddim deall sut y gallai *un* Hôm Giard stopio haflig o gychod Jyrmans chwaith.

‘Welwch chi’r stanciau ‘na ar y traeth? I atal y gelyn mae rheina,’ eglurodd Glyn Postman gan chwythu cwmwl o fwg sigarêt i’r awyr. ‘Cerrig oedd yna i ddechrau, ond mi chwalodd y môr nhw.’

Nesaodd modur i lawr y lôn.

‘Ar fengoch chi! Cyrnol Wynn!’

Neidiodd Glyn Postman ar ei draed a thaflu ei Woodbine i’r afon yn frysiog. Yna ysgwyddodd y gwn a dechrau martsio’n ôl a blaen ar y bont fel petai o’r Hôm Giard mwyaf gwyliadwrus erioed.

‘Sgrialwch blant,’ erfyniodd.

Brysiodd y tri i guddio y tu ôl i'r gwrych cyn i Cyrnol Wynn gyrraedd yn ei fodur Jaguar. Roedd o'n dal a thenau, a chap pig ganddo, a ffon fechan o dan ei gesail. Ac roedd ei sgidiau'n sgleinio fel arian.

Saliwtiodd Glyn Postman yn gefnsyth a chlecian ei sgidiau yn ei gilydd.

'Everything shipshape, Williams?' holodd y Cyrnol.

'Yes . . . SYR!' oedd yr ateb.

Chwarddodd y tri y tu ôl i'r gwrych cyn crafangio ar eu boliau nes cyrraedd pen pellaf y cae.

'Everything shipshape, Norman?' holodd Tomos gan saliwtio.

'Yes . . . SYR!' atebodd Norman gan saliwtio'n ôl.

13

Roedden nhw wrth y bwrdd cinio un diwrnod pan gyrhaeddodd car mawr i'r buarth. Roedd un o swyddogion y llywodraeth wrth y llyw.

'Pwy sydd yna, tybed?' holodd Mrs Jones yn flin.

Ochneidiodd wedi iddi sbecian i weld.

'Swyddog y llywodraeth,' meddai wrth weld ei siwt drwsiadus a'i osgo pwysig. 'Be mae hwn ei eisio, tybed?'

Aeth Mr Jones at y drws i'w gyfarfod. Roedd bwndel o bapurau trwchus gan y swyddog. Camodd at Mr Jones yn fwriadol.

Clustfeiniodd pawb yn y gegin ar y sgwrs.

'Cyfrifiad, Mr Jones,' meddai'r swyddog yn bwysig. 'Rhaid cofnodi popeth sgynnoch chi ar gyfer cau'r ffyrdd yma tasa'r gelyn yn dŵad.'

'Fel be?' holodd Mr Jones.

'Wel, troliau, erydr, cadwynau, coed allech chi eu torri . . . rywbeth fel'na,' meddai. 'Mi fuaswn i'n lecio archwilio popeth rŵan.'

'Ond rydw i ar fin cael fy nghinio,' meddai Mr Jones.

'Mae atal y gelyn yn bwysicach nag unrhyw

ginio,Mr Jones,' oedd yr ateb sych.

'Pwysig, wir!' ebychodd Mrs Jones yn ddig yn y gegin. 'Fedr o ddim ein gorfodi ni i ddymchwel 'run o'r coed derw hardd yna, rhyfel neu beidio.'

'Be ddeudodd o?' holodd pan ddychwelodd ei gŵr i'r gegin o'r diwedd.

'Dyn pensel a phapur arall oedd o,' oedd yr ateb diflas. 'Maen nhw fel morgrug o gwmpas y lle yma. Gwnewch hyn, gwnewch y llall. Rhaid aredig pob twll a chornel a hynny ddydd a nos. Plannu tatw, plannu moron, plannu rwdins, tyfu ŷd . . . heb sôn am fynychu ymarferion Hôm Giard. Does dim amser i gysgu bron yn y lle 'ma.'

'Hy!' oedd unig ymateb Mrs Jones wrth iddi lwyeidio tatw a grefi ar y platiau.

Bwytaodd pawb yn ddistaw.

'Ac mi fydd angen imi gael trwydded i ladd y mochyn cyn diwrnod dyrnu,' meddai Mr Jones.

'What . . .?'

Edrychodd Norman a Milly yn anghrediniol arno. Oedden nhw wedi deall yn iawn?

'Kill the pig,' eglurodd Mrs Jones yn garedig. 'For the threshing.'

'Kill him? Ond . . .'

Fe wyddai Tomos bod yn rhaid lladd y mochyn er mwyn cael digon o fwyd i'r criw dyrnu. Ac mi fydden nhw'n rhannu llawer o'r cig efo'r cymdogion hefyd.

Dechreuodd Milly grio.

'You can't kill him. He's a friend.'

Rhedodd allan a'r dagrau'n powlio i lawr ei hwyneb. Pwysodd ar gât y cwt. Daeth y mochyn ati a sefyll a'i drwyn i fyny gan ddisgwyl cael tamaid ganddi.

'Poor you,' meddai Milly gan sniffian crio.

Rhochiodd y mochyn yn gyfeillgar.

'They shan't kill you,' meddai hi'n benderfynol.

Cododd ddolen y gât a'i hagor led y pen.

'Rhoch!'

Sniffiodd y mochyn y gât agored yn ddrwgdybus.

'Go on,' meddai Milly gan roi slap iawn iddo ar ei gefn. 'Run!'

Mentrodd y mochyn gam neu ddau trwy'r gât. Safodd yn stond a chrychu'i drwyn wrth arogli rhyddid y buarth. Yna cychwynnodd ar drot drwsgl i gyfeiriad porth agored y cae ŷd. Cododd ei gynffon gyrliog a chicio'i draed ôl wrth garlamu tua'r cae. Yna dechreuodd gael hwyl ardderchog yn pwnio a dymchwel y styciau.

'O dear!' meddai Milly.

Rhedodd ar ei ôl i'r cae.

'Go back,' meddai wedyn gan geisio ei hel yn ôl i'r buarth.

Ond roedd yn rhy hwyr. Doedd y mochyn erioed wedi cael y ffasiwn hwyl o'r blaen. Dihangodd yn hwylus o flaen Milly, gan droi i'r chwith a'r dde bob tro y byddai hi bron â'i hebrwng at y porth.

'O dear,' meddai Milly wedi colli ei gwynt yn lân.

Erbyn hyn roedd Tomos a Norman wedi dŵad

o'r tŷ hefyd. Gwelsant gât agored y cwt mochyn ac edrych yn wyllt o'u cwmpas. Y cae ŷd!

Rhedodd y ddau nerth eu traed wrth weld Milly a'r mochyn yn carlamu'n gylchoedd ar hyd y cae.

'Iesgob! Mi fydd Dad o'i go,' pwffiodd Tomos gan wibio i'r chwith.

'Can we catch him?' pwffiodd Norman wrth redeg i'r dde.

Roedd o'n poeni am y cerydd a gâi Milly pan welai Mr Jones y mochyn rhydd a'r styciau'n blith draphlith yn y cae ŷd.

'Araf bach. Don't dychryn o,' gorchmynnodd Tomos.

Closiodd y tri at y mochyn gan ddal eu breichiau allan a sefyll a'u traed ar led. Rhoddodd y mochyn ei ben i lawr, a'i lygaid bychain fel marblis yn astudio symudiadau'r tri.

Rhedodd i'r dde. Roedd Norman yno.

Rhedodd i'r chwith. Roedd Tomos yno.

Cychwynnodd ymlaen. Roedd Milly yno.

Ond doedd y mochyn ddim am roi'r gorau i'r hwyl. Safodd eto. A phan oedd y tri yn credu'n siŵr ei fod o am fihafio a mynd yn ôl i'r buarth, cychwynnodd ar ras wyllt garlamus i'r dde yn syth rhwng coesau ar led Tomos.

'Whoo . . . aaa!' gwaeddodd hwnnw wrth i'r mochyn mawr tew ei sgubo oddi ar ei draed a'i gludo yn sypyn bownslyd, diymadferth ar ei gefn, cyn iddo ddisgyn gyda thwmp anferth ar y cae a'i ddannedd yn clecian.

Dechreuodd Norman a Milly chwerthin.

'Funny,' meddai Milly.

'Gwirion!' chwarddodd Norman.

'Blydi mochyn!' rhegodd Tomos gan anghofio bod ei fam yn athrawes ysgol Sul.

Ond doedd wiw rhoi'r gorau iddi. Roedd yn rhaid cael y mochyn yn ôl i'w gwt. Ond roedd o ym mhen draw'r cae erbyn hyn, a doedd o ddim yn bwriadu dod yn agos i'r buarth na'i gwt.

'Drap las!' gwaeddodd Tomos yn chwys domen ac wedi colli'i limpin ers meitin.

O'r diwedd, clywodd Mr a Mrs Jones yr helynt o'r tŷ.

'Bobol bach! Beth ydi'r holl weiddi yna?' holodd Mr Jones.

Brasgamodd allan i'r buarth a sefyll yn stond.

'Ys gwn i sut y daeth y mochyn o'i gwt?' meddai gan ddechrau chwerthin wrth weld y rhedeg a'r rasio a'r baglu ym mhen draw'r cae.

'Milly,' meddai Mrs Jones. 'Doedd hi ddim eisio iddo gael ei ladd. Hi agorodd y gât.'

'Ia,' cytunodd Mr Jones gan wenu.

Trodd at ei wraig.

'Dos i nôl y bwced fwyd,' meddai. 'Mi a inna i'r cae i helpu.'

Ysgydwodd Mrs Jones y bwced fwyd wedi cyrraedd y cae a gweiddi 'Gis! Gis!' yn uchel.

Rhoch!

Oedodd y mochyn ym mhen draw'r cae. Bwyd!

meddyliodd. A heb oedi eilwaith cychwynnodd ar drot frysiog i gyfeiriad y sŵn bendigedig.

'Gis! Gis!' gwaeddodd Mrs Jones eto gan ysgwyd y bwced yn egnïol.

'Dyna ti. Yn ôl. Yn ôl,' meddai Mr Jones mewn llais hamddenol, digyffro.

'Gis! Gis!'

Gwyddai'r mochyn fod bwyd i'w gael gyda'r alwad yna, a dilynodd hi'n ufudd i'w gwt.

'Sut yr agorodd y gât, tybed?' holodd Mr Jones wedi iddo gau'r mochyn yn ddiogel yn y cwt unwaith eto.

Edrychodd y plant yn euog ar ei gilydd, ond ddywedodd neb 'run gair.

'Rhaid ei fod o'n fochyn cryf i fedru agor y gât ar ei ben ei hun,' meddai Mr Jones gan roi winc gudd ar ei wraig.

'Ydi. Ac yn fochyn clyfar iawn hefyd,' cytunodd hithau.

Agorodd Milly ei cheg i gyfaddef mai hi wnaeth, ond roedd Mr a Mrs Jones yn gwenu arni, a ddywedodd hi 'run gair.

'Rhaid gofalu na wnaiff o ddianc eto, wrth gwrs,' meddai Mr Jones.

'Bydd,' meddai'r plant.

14

Chafodd 'run o'r teulu lawer o gwsg y noson honno. Bu'n rhaid i Mr Jones fynd ar ddyletswydd Hôm Giard gyda'r nos, a phrin wnath o gyrraedd y pentre cyn i awyrennau'r Jyrmans ddechrau swnio uwchben.

Roedd yna ugeiniau ohonyn nhw, i gyd yn anelu am Lerpwl. Yn fuan daeth sŵn bomiau a chyfarthiad y gynnau mawrion o'r pellter, ac wrth iddi nosi goleuwyd y chwiloleuadau i groesi ac ailgroesi'r awyr wrth chwilio am y gelyn.

Weithiau bydden nhw'n dal awyren yn eu golau. Yr adeg honno byddai'r gynnau mawr yn anelu ati, a sŵn y saethu'n taranu'n ddiddiwedd, a gellid gweld y ffrwydradau fel sbotiau tân gwyllt o gwmpas yr awyren. Weithiau, bydden nhw'n llwyddo i'w saethu i lawr.

Penderfynodd Mrs Jones mai llechu yn y twll dan grisiau fyddai orau i bawb, ond cyn dilyn y plant yno, diffoddodd y lamp olew a mynd at y drws i syllu i gyfeiriad Lerpwl.

Lledaenai cochni tanau anferth ar y gorwel, a

deuai sŵn ffrwydradau bomiau, un ar ôl y llall, i'w chlustiau. Hedfanai ton ar ôl ton o awyrennau'r gelyn rywle uwchben, pob un â'i chrombil yn llawn o fomiau i'w gollwng ar goelcerth dociau Lerpwl.

'Druan o'r bobol,' meddai Mrs Jones wrthi'i hun wrth feddwl am y difrod y byddai'r bomiau yn ei achosi.

Aeth yn ôl i'r tŷ ac i'r twll dan grisiau.

'Will they . . . lladd . . . pawb yn Lerpwl?' holodd Milly'n ddagreuol.

'Of course not, dear,' cysurodd Mrs Jones. 'Dim ond yr adeiladau.'

'Adeil . . .?' holodd Milly, heb fod yn siŵr iawn beth oedd y rheiny.

'Just the buildings,' meddai Mrs Jones.

Ond fe wyddai Norman fod yna bobl yn yr adeiladau hefyd. Beth ddigwyddai iddyn nhw? Roedd ei fam yno yn rhywle, doedd?

Swatiodd a'i ben ar ei bengliniau heb ddweud gair. Yna teimlodd law Milly yn cyrraedd am ei law yntau, a'i hwyneb gwlyb gan ddagrau'n turio i'w gesail.

'N-Norman!' igiodd ei llais bach crynedig.

'It's alright, Sis,' meddai yntau gan afael amdani.

Doedd neb am fentro'n ôl i'w gwelyau, hyd yn oed wedi i seiren yr 'all clear' swnio o gyfeiriad Llangefni. Buont yn pendwmpian cysgu ac yn deffro bob yn ail nes y dychwelodd Mr Jones gyda'r wawr. Roedd o wedi blino'n llwyr, a'i wyneb yn fudr ddu, gyda chysgodion mawr o dan ei lygaid.

'Noson ddifrifol,' meddai'n drymaidd. 'Y gwaethaf eto yn yr ardal yma, greda i. Un dyn wedi'i ladd, un wedi'i frifo, tŷ wedi'i ddymchwel, un arall wedi ei ddifrodi, a phedair dafad wedi'u lladd. Wil Sarjant a Chyrnol Wynn yn ein hanfon ni o un lle i'r llall drwy'r nos.'

'A Lerpwl?' sibrydodd Mrs Jones wrth lenwi'r ddysgl enamel iddo gael ymolchi yn y pantri.

Ysgwyd ei ben wnaeth ei gŵr.

Aeth Mrs Jones i'r gegin at y plant.

'Ewch i'ch gwelyau am ychydig,' gorchmynnodd. 'Does dim angen codi'n fore.'

Gwyliodd nhw'n dringo'r grisiau'n araf ac yna disgwyl i ddrysau'r llofftydd gau.

'Lerpwl?' meddai'n ddistaw eto.

'Wn i ddim, wir,' meddai ei gŵr gan ysgwyd ei ben yn ddifrifol. 'Mae'r lle'n wenfflam, greda i.'

'Druan ohonyn nhw! ebychodd Mrs Jones.

15

Ddyddiau'n ddiweddarach daeth car i'r buarth. Roedd tri o bobl ynddo.

'Pwy sydd yna rŵan, tybed?' holodd Mrs Jones gan ochneidio wrth fynd am y drws.

Tynnodd anadl sydyn wrth weld Miss Potter, Miss Williams y WVS a dynes ddieithr yn dod allan o'r car.

'O, mywyd mawr i! Beth sydd wedi digwydd?' ebychodd.

Cerddodd y tair dynes yn araf tuag ati. Roedd golwg ddifrifol iawn arnyn nhw.

'Mrs Jones,' meddai Miss Williams. 'Dyma Mrs Carter, modryb Norman a Milly. Mae newydd drwg iawn ganddi. Mam y plant wedi ei lladd.'

'O, diar bach! O, dyna ofnadwy!' ebychodd Mrs Jones bron â chrio. 'Druan ohonyn nhw.'

Daeth Milly o'r siêd efo ci bach yn ei breichiau. Safodd yn syn wrth weld y ddynes ddieithr. Yna gollyngodd y ci bach a rhedeg ati.

'Auntie May! Auntie May!' gwaeddodd gan daflu ei breichiau amdani.

'Milly!' meddai'r ddynes gan ei chofleidio'n dynn.

'Are you taking me home?' holodd Milly a'i hwyneb yn wên i gyd.

Edrychodd Mrs Carter o'i chwmpas.

'Can we go in?' holodd.

'Of course,' meddai Mrs Jones ar unwaith gan arwain y ffordd i'r tŷ.

'Where's Norman?' gofynnodd Mrs Carter gan ollwng ei chorff llydan ar gadair wrth y bwrdd fel pe bai hi bron â syrthio o flinder.

'Outside,' meddai Milly.

Rasiodd allan a gweiddi 'Norman!' nerth ei phen.

'How am I going to tell them?' meddai Mrs Carter gan rwbio'r dagrau sydyn o'i llygaid.

Ond doedd dim angen dweud wrth Norman. Cyn gynted ag y gwelodd ei fodryb, aeth ei wyneb yn wyn fel y galchen.

'Mam? Dad?' holodd trwy wefusau sych.

'Your mam,' meddai Mrs Carter gan estyn amdano.

'Mam what?' holodd Milly gan edrych o'r naill i'r llall yn ddryslyd.

'Mam what?' holodd wedyn a'i llais yn codi'n ofnus.

'Your mam was hurt . . . very badly. The hospital couldn't make her better.'

Safodd Norman yn fud a'i wyneb yn llawn sioc. Yna ymaflodd yn llaw Milly a'i gwasgu.

'Let go! I want my mam!' bloeddiodd Milly.

Ceisiodd Mrs Jones afael ynddi i'w chysuro.

'Jesus wanted her,' meddai.

'I don't care! He can't have her! I want her!' sgrechiodd Milly.

Dechreuodd gicio a strancio.

'Now, Milly,' meddai Miss Potter yn awdurdodol. 'Your father wouldn't like to see you misbehaving.'

'I hate you!' gwaeddodd Milly. 'I want my mam and my dad.'

Rhuthrodd trwy'r drws ac allan i'r buarth.

Safodd Norman yn fud am eiliad cyn ei dilyn yn wargam araf. Fe wyddai lle'r aeth ei chwaer. At y cŵn bach, wrth gwrs.

'I can't take them home, not with all the bombing,' meddai Mrs Carter gan ochneidio'n ddwfn.

'They can stay here, of course,' meddai Mrs Jones ar unwaith gan wybod y byddai ei gŵr yn cytuno.

Wrth gwrs y caen nhw aros, a hynny tan ddiwedd y rhyfel os byddai angen.

Anelodd Norman i gyfeiriad y siêd. Roedd Milly'n eistedd ynghanol y cŵn bach pan gyrhaeddodd yno, a sŵn ei chrio yn llenwi'r lle. Eisteddodd wrth ei hochr a gafael amdani heb ddweud gair.

'Why Mam, Norman?' igiodd Milly. 'Couldn't the Germans kill somebody else?'

Doedd gan Norman ddim ateb.

'Fan'ma rydych chi,' meddai Tomos.

Roedd o wedi bod yn helpu ei dad yn y cae a heb wybod beth oedd wedi digwydd.

'Car pwy ydi hwnna?' holodd.

Yna sylweddolodd fod rhywbeth o'i le.

'Be sy?' holodd a'i lygaid ar eu hwynebau trist.

'Mam's dead,' meddai Norman.

'Wedi marw?' meddai Tomos yn llawn sioc. 'O, Norman . . . sori.'

Cyrcydodd wrth ochr Milly a rhoi ei law ar ei hysgwydd.

'Sori, Milly,' meddai eto, heb wybod beth arall i'w ddweud.

Taflodd Milly ei breichiau am ei wddf.

'Eisio Mam. Want her back,' meddai'n ddagreuol.

Eisteddodd Tomos wrth ochr y ddau gan deimlo bron â chrio ei hun. Chwaraeai'r cŵn bach o'u cwmpas, ond ni chymerodd 'run o'r tri sylw ohonyn nhw.

'You . . . stay here,' cysurodd Tomos o'r diwedd. 'Nes daw eich tad o'r rhyfel.'

'What?' holodd Norman.

'Aros yma, until your Dad comes.'

'Can we?' holodd Norman. 'Aros yma?'

'Cewch,' meddai Tomos.

'Aros?' holodd Milly. 'Stay . . . here?'

'Yes . . . cewch,' meddai Tomos yn gadarn.

Rhoddodd ei fraich am Milly.

'Am yn hir . . . hir,' meddai.